Antônia

e os cabelos que carregavam
os segredos do Universo

Editora Appris Ltda.
1ª Edição - Copyright© 2022 do autor
Direitos de Edição Reservados à Editora Appris Ltda.

Nenhuma parte desta obra poderá ser utilizada indevidamente, sem estar de acordo com a Lei nº 9.610/98. Se incorreções forem encontradas, serão de exclusiva responsabilidade de seus organizadores. Foi realizado o Depósito Legal na Fundação Biblioteca Nacional, de acordo com as Leis n.os 10.994, de 14/12/2004, e 12.192, de 14/01/2010.

Catalogação na Fonte
Elaborado por: Dayanne Leal Souza
Bibliotecária CRB 9/2162

A474a
2022

Alves-Brito, Alan
    Antônia e os cabelos que carregavam os segredos do universo / Alan Alves Brito. – 1. ed. – Curitiba: Appris, 2022.
    36 p. : il. color. ; 2 cm. + 2 áudio book.

    1 áudio book: narração.
    1 áudio book: narração e audiodescrição.
    ISBN 978-65-250-2089-1

    1. Literatura infanto-juvenil. 2. Astronomia. 3. Infância. 4. Racismo.
I. Alves-Brito, Alan. II. Título.

CDD – 028.5

FICHA TÉCNICA

EDITORIAL	Augusto V. de A. Coelho
	Sara C. de Andrade Coelho
COMITÊ EDITORIAL	Marli Caetano
	Andréa Barbosa Gouveia (UFPR)
	Edmeire C. Pereira (UFPR)
	Iraneide da Silva (UFC)
	Jacques de Lima Ferreira (UP)
SUPERVISORA EDITORIAL	Renata C. Lopes
PRODUÇÃO EDITORIAL	Raquel Fuchs
REVISÃO	Andrea Bassoto Gatto
PROJETO GRÁFICO	Bruno Nascimento e Mariana Brito
ILUSTRAÇÃO	Junior Pakapyn
REVISÃO DE PROVA	Amélia Lopes
PROJETO DE ACESSIBILIDADE	Cristiane Santos Gomes

Appris editora

Editora e Livraria Appris Ltda.
Av. Manoel Ribas, 2265 – Mercês
Curitiba/PR – CEP: 80810-002
Tel. (41) 3156 - 4731
www.editoraappris.com.br

Printed in Brazil
Impresso no Brasil

Alan Alves Brito

Antônia

e os cabelos que carregavam
os segredos do Universo

Conteúdo acessível:

Narração

Narração com audiodescrição

artêrinha
Curitiba, PR
2022

*À mainha, dona Janice, por tanto amor.
A mulher que forjou a minha autoestima e os
meus sonhos mais secretos sob o céu estrelado
dos lugares da Bahia em que vivemos.*

*A Michael K. Mowat, por todo amor e beleza
que emanam do seu ser-sendo.*

Agradecimentos

Agradeço especialmente ao amigo Victor Rocha Rodrigues da Silva e às amigas Gleice Cleia Alves Pinto e Aline Russo da Silva.

A professoras e professores da educação básica infantil que fomentam outros imaginários sociais todos os dias no "chão" das escolas brasileiras.

Prefácio

O que toda criança tem na cabeça sobre o universo? Perguntas, perguntas e mais perguntas. Com Antônia não é diferente. Na obra *Antônia e os cabelos que carregavam os segredos do Universo*, uma criança negra chamada Antônia, de origem afrodescendente, que nasceu e mora na região nordestina do Brasil, vive a perguntar sobre o mundo que a cerca. Ela tem em seu corpo e em sua mente todas as marcas e as memórias dos seus ancestrais negros africanos, além do marcador linguístico, impresso por meio do sotaque do povo nordestino, indicando outros falares das populações brasileiras.

A pequena Antônia é uma garota com cabelos crespos que quer usá-los soltos, em formato Black, como um indicador de sua realeza, para expressar a aprendizagem que recebeu dos mais velhos para valorizar e amar seus traços africanos, seus lábios bem carnudos, sua pele de ébano brilhante, seu gingado e tantas outras expressões de sua identidade e do seu povo. Na beleza de seus cabelos, juntamente ao seu *ori*, cabeça em yorubá, ela formula seus pensamentos, suas ideias, suas hipóteses e suas indagações sobre o universo. Com tais questionamentos e seu interesse em conhecer o universo pouco sondável, mas já largamente investigado pelos cientistas, ela demonstra que toda criança é uma cientista em potencial.

Todas as perguntas que ela lança à mãe e ao mundo a conduzem ao caminho de se tornar uma cientista no futuro: uma astronauta, uma astrofísica ou outra atividade em uma área afim. Antônia viaja no pensamento com a dança dos planetas na órbita da estrela chamada Sol em nosso sistema planetário. Os olhos dela brilham e saltam por quererem saber, descobrir; por meio deles, ela mostra sua intensidade de criança, suas curiosidades. Ela revela o quanto a imensidão do cosmos a inspira, por isso ela baila com ele no compasso de quem se lembra de que é poeira das estrelas e herdeira da ancestralidade negra africana. Esse querer saber de Antônia é a busca do significado de sua origem.

É com essa belíssima história que o autor e astrofísico Alan Alves Brito convida todas as crianças, principalmente meninas e meninos negros, a se enveredarem pelo mundo das Ciências, na investigação sobre os sistemas planetários, os astros, as estrelas, a matéria escura, a energia escura e os elementos químicos para que, no futuro, elas e eles tragam à humanidade novas contribuições científicas que solucionem os atuais e novos problemas da sociedade.

É com este livro que ele oferece vestígios para que motivações científicas conduzam nossas crianças para o campo profissional das Ciências e, também, estimula, com sua narrativa, a ampliarem a imaginação e a criatividade, seja com o texto, seja com as ilustrações, que produzem subjetividades positivas sobre as populações negras e mais ainda em suas crianças, mostrando que as Ciências também são o seu lugar.

Dessa forma, desejo a você, pequeno(a) e grande leitor(a), um passeio ao universo, por intermédio da visão e da imaginação da menina Antônia. Nunca é tarde para voltar à investigação do universo para descobrir o que ainda não foi alcançado pela mente humana. Inspire-se nela como eu estou inspirada e leia esta história estimulante. Emocione-se com o ser de Antônia e descubra com ela todos os segredos que estão em seus cabelos. Em Antônia e em seus cabelos crespos está projetada toda a esperança de acesso ao conhecimento e a possibilidade de sucesso a caminho da utopia negra imaginada pelos seus ancestrais. Vibre com ela e sonde o universo. Boa leitura!

Salvador, 1 de setembro de 2021.

Gleice Cleia Alves Pinto
Pedagoga e educadora de crianças.

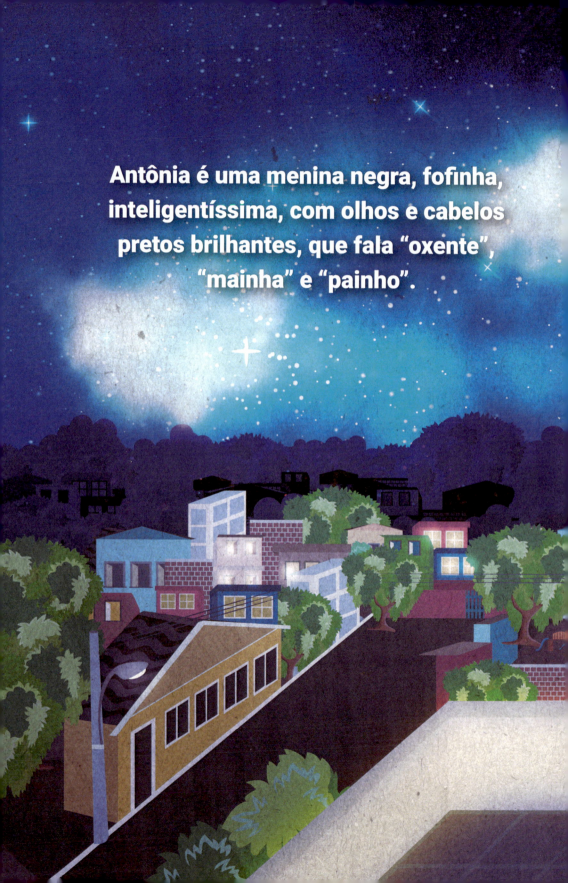

Antônia é uma menina negra, fofinha, inteligentíssima, com olhos e cabelos pretos brilhantes, que fala "oxente", "mainha" e "painho".

Seu delicioso sotaque melódico junta palavras banto-nagô, de línguas africanas, que parecem brincar de esconde-esconde entre vogais e consoantes.

Antônia vive em uma pequena cidade chamada Teçá, que fica bem longe, atrás do arco-íris, entre verdes colinas, onde o tempo parece não passar. Teçá significa "olhos atentos", que, como os olhos espertos e serelepes de Antônia, tudo querem saber.

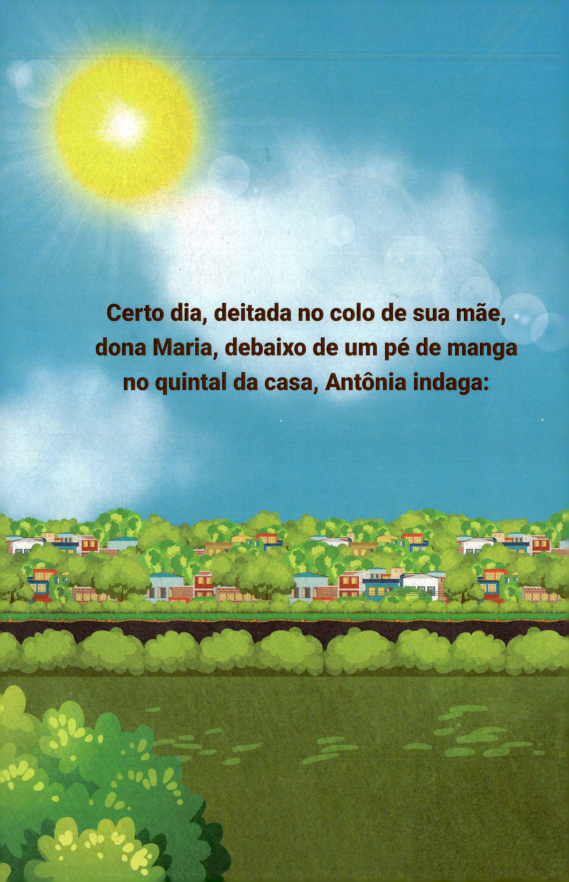

Certo dia, deitada no colo de sua mãe, dona Maria, debaixo de um pé de manga no quintal da casa, Antônia indaga:

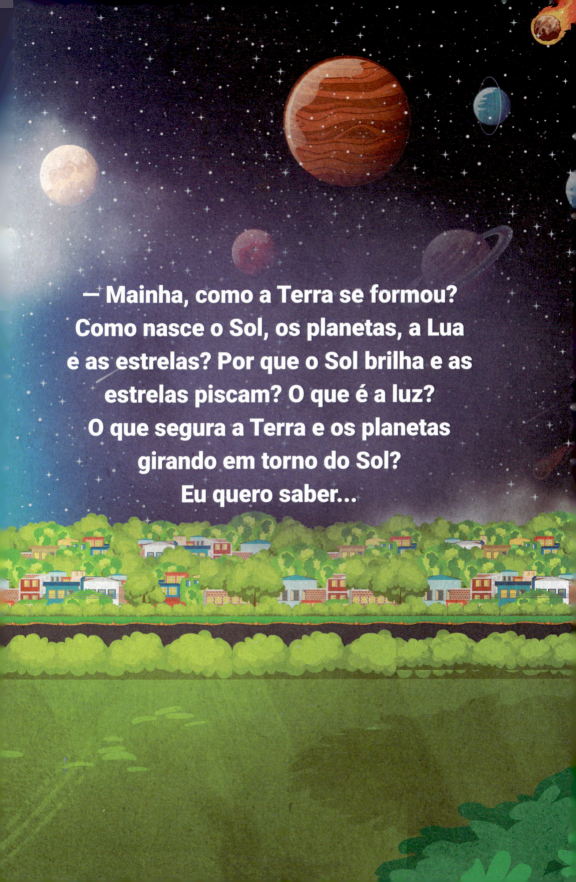

— Mainha, como a Terra se formou?
Como nasce o Sol, os planetas, a Lua
e as estrelas? Por que o Sol brilha e as
estrelas piscam? O que é a luz?
O que segura a Terra e os planetas
girando em torno do Sol?
Eu quero saber...

— Lá vem você, sua danada, com suas perguntas difíceis. Tudo que sei é que está na hora de você ir para a escola. Venha cá, vamos prender esses cabelos agora mesmo...

Vou fazer um lindo e formoso coque porque você não pode ir pra escola com esses cabelos assim, indomáveis, soltos ao vento.

— Mas mainha, por que tenho que prender meus cabelos? Eu gosto deles assim, pretos, fortes, soltos, volumosos, apontando para o céu como se fossem um lindo beija-flor visitando as flores na primavera.

— Você tem tanto ainda o que aprender... São tantas as perguntas nessa sua cabeça, Antônia! De onde você tira essas perguntas, minha filha?

— Ah, mainha, essas são as perguntas que eu fazia em volta da fogueira com minhas avós, buscando histórias de sonhos e liberdade. Foi com minha bisa e com minhas avós que aprendi que tenho que andar com os meus cabelos soltos por aí, orgulhosa, sem ter medo de nada.

— Oxente! E o que mais elas te ensinaram? Me conte aí!

Antônia cochichando ao pé do ouvido da mãe, explica:

— Um dia, em sonhos, elas me disseram que nós somos filhas e filhos das estrelas, que as estrelas são as fábricas de tudo o que produz luz no universo, que em cada pedacinho de estrela há um pouco de mim e um pouco de nós. Nesse sonho, minhas avós me disseram que meus cabelos crespos apontam para o alto, para a nossa ancestralidade, e que eles carregam os segredos do universo.

— Ah, minha filha, suas avós, suas mais velhas, é que estão certas.

Como dizia o poeta: "A noite é bela como são as faces do nosso povo. As estrelas são belas como são os olhos do nosso povo. Belo é também o Sol. Belas são também as almas do nosso povo". Ninguém é igual a ninguém, Antônia, e seus cabelos livres são lindos. Solte-os, deixe-os voar.

E Antônia sai pulando, sorridente e cantarolante pelos paralelepípedos de Teçá rumo à escola, com os cabelos que carregavam os segredos do universo.

Antônia
e os cabelos que carregavam
os segredos do Universo